ALLOCUTION

PRONONCÉE

A L'OCCASION DU MARIAGE

DE

M. JULES-MARIUS-PHILIPPE GAFFINO

Receveur des Douanes

AVEC

Melle FANY-MARIE-ROSALIE BOYER

DANS L'ÉGLISE DE SAINT-LAURENT-DU-GUA (Charente-Inférieure)

le 18 Novembre 1857

PAR M. L'ABBÉ EUGÈNE BOYER

ALLOCUTION

De M. l'Abbé Eug. BOYER

AU MARIAGE

DE M. JULES GAFFINO AVEC Melle FANY BOYER

Il y a dans la vie des jours à jamais mémorables, des moments solennels ; c'est alors que la religion qui nous reçoit à notre entrée dans le monde et qui préside à notre dernière heure, nous convoque dans ses temples pour être elle-même l'instrument et le témoin des grandes choses qui vont s'accomplir, nous éclairer de ses conseils, et, comme une mère pleine de sollicitude, laisser tomber sur nous ses plus tendres bénédictions. Oui, c'est aux pieds des autels que se passent les scènes les plus attendrissantes de la vie : il vous souvient, ma sœur, du jour où vous participâtes pour la première fois au plus auguste mystère du Christ ! Parée de la robe d'innocence, la tête modestement voilée et le front ceint d'une blanche couronne ; suivie de notre plus jeune sœur, vous vous êtes agenouillée à cette même place pour y recevoir le Dieu qui réjouit la jeunesse. Nos cœurs qui ne se sont jamais séparés, étaient plus intimement unis ; vos émotions étaient les nôtres, la paix et la sérénité de votre âme, répandues sur vos traits, se reflétaient sur notre visage ; c'était encore une fête de famille.

Mais pendant que nous épanchions mutuellement nos âmes en de doux et suaves entretiens, Jésus, dans un langage rempli de charme et de mystère, découvrait à ses jeunes amantes, la tâche qu'il leur destinait parmi les membres de la grande famille. Bientôt cette voix de Dieu se fit entendre plus forte et plus distincte ; elle commandait un sacrifice. Puissance admirable de la grâce ! Etonnante générosité d'un cœur simple et docile ! notre sœur, si jeune encore, brise les liens du sang et de l'amitié, et obéit sans résistance à sa divine vocation. Arrivée depuis lors au comble de ses vœux, c'est sur les degrés de l'autel, dans un sanctuaire vénéré [1] qu'elle prend Jésus-Christ pour époux, en présence des anges témoins de ses serments.

---

[1] Saint-Laurent-sur-Sèvres (Vendée). — A peine âgée de 15 ans.

Quant à moi, vous m'avez vu prosterné sur le pavé du sanctuaire ; vous avez vu les mains du Pontife s'élever sur ma tête, vous avez entendu ma voix se mêler à sa voix pour offrir avec lui le même Sacrifice, et des larmes d'attendrissement ont coulé de vos yeux [1].

Aujourd'hui, c'est à vous, ma sœur, de prendre un engagement sacré. Vêtue de blanc et couronnée de fleurs, conduite comme en triomphe par le frère de notre père [2], jusque dans la maison de Dieu, placée près de celui qui vous choisit pour compagne, sous les yeux d'une famille attendrie, vous venez demander à votre frère, indigne ministre de Jésus-Christ, le sacrement qui fait les unions saintes. Et tout à l'heure, lorsque, *par l'autorité du Dieu tout-puissant et de la sainte Eglise*, je vous aurai unis en mariage, prosternés et recueillis, vous rappelant que ce matin le sang de l'Agneau sans tache est venu cimenter votre union, vous joindrez vos prières à celles du pauvre prêtre, pour que le Dieu d'Abraham, d'Isaac et de Jacob laisse pleuvoir sur vous la rosée de ses grâces.

---

[1] Ordonné prêtre, seul, *extrà tempora*, par Mgr Landriot, dans la chapelle de l'évêché, à La Rochelle, le 28 juin 1857.

[2] Dieu avait appelé à lui notre excellent père depuis déjà 19 ans ! (15 septembre 1842.)

Est-il un spectacle plus sublime et plus saisissant ? Où éprouver ailleurs que dans le temple saint ces émotions pures et profondes, ces élans du cœur, ce saisissement de l'âme ?

Non, il n'y a que notre divine religion qui puisse nous présenter de si ravissants tableaux, et j'avais bien sujet de dire que c'est aux pieds des autels que se passent les scènes les plus imposantes de la vie.

Je ne vous montrerai pas toute la grandeur, toute la sainteté du sacrement que vous allez recevoir ; je ne vous dirai pas comment il a été institué dès le commencement du monde, comment le Créateur de toutes choses lui a imprimé son cachet divin. Je ne vous dévoilerai ni les indignes profanations qu'il a subies de la part des hommes, ni les ineffables mystères au moyen desquels Dieu l'a réhabilité et ennobli, d'abord par lui-même, ensuite par son Fils unique, Jésus-Christ, le Verbe fait chair, l'Homme nouveau, en qui tout a été restauré : *In quo instaurantur omnia.*

Ces choses qu'il n'est donné qu'au génie chrétien d'admirer et de concevoir, votre piété et la manière édifiante avec laquelle vous vous êtes préparés à recevoir ce sacrement divin m'attestent que vous les comprenez : vous savez que le mariage est une vocation sainte ; que ceux qui y sont appelés ont à remplir une mission sacrée, une tâche aussi difficile que glorieuse. Il ne me reste donc qu'à laisser échapper de mon cœur les vœux qu'en ce moment solennel me suggèrent à l'envi et ma sollicitude sacerdotale et mon affection fraternelle.

Les vues droites et pures qui vous ont conduit dans notre famille, Monsieur, sont pour nous un des plus sûrs garants de votre bonheur à venir. La cupidité qui malheureusement, de nos jours, est le principal mobile de la plupart des unions, n'a pu trouver entrée dans votre cœur, trop plein de sentiments élevés, et si capable d'un amour sincère.

Avant tout, vous avez cherché dans celle dont vous vouliez faire la compagne de votre vie, les vertus d'une sage et prudente épouse jointes à une sympathie profonde, à une conformité de goûts, d'inclinations et de pensées qui vous garantissent une union aussi intime que durable. Vous avez prié Dieu de vous aider dans ce choix ; il a entendu vos prières, et tout à l'heure vous allez recevoir de sa main celle que vous sollicitiez de sa bonté ; car, si les hommes peuvent donner les richesses, c'est principalement Dieu, ainsi que nous le dit l'Esprit-Saint, qui donne à l'homme une épouse vertueuse : *Divitiæ dantur a parentibus, a Domino autem proprie uxor prudens* [1].

Vous serez son appui, son guide et son conseiller fidèle. Vous l'aiderez à supporter les peines et les difficultés inséparables de sa position.

Ayez l'un pour l'autre une amitié pure, franche et dévouée ; supportant mutuellement vos défauts, car nous en avons tous, et vous rendant avec complaisance tous les petits services dont vous pourrez avoir besoin. Oui, ma sœur, soyez bonne, douce, affectueuse, prévenante ; mais surtout ayez soin qu'une aimable et solide piété assaisonne toujours vos actions et vos paroles. Ah ! n'oubliez jamais, l'un et l'autre, qu'avant tout vous devez aimer Dieu et vous appliquer à son service. Loin de rien faire qui puisse contrister son cœur, vous observerez fidèlement sa loi sainte, vous le prierez de bénir toutes vos entreprises, vous le remercierez de ses bienfaits, vous lui confierez, comme au père le plus tendre, vos désirs, vos inquiétudes, vos projets, pour qu'il vous éclaire et vous dirige.

[1] Prov. XIX, 14.

C'est ainsi que vous conserverez et augmenterez dans votre âme les grâces d'état que vous allez recevoir ; de même que c'est l'unique moyen de resserrer de plus en plus les liens indissolubles de votre union.

Ici encore, je ne laisserai pas de dire combien j'ai sujet d'espérer : vous avez reçu, Monsieur, des principes religieux qui se sont développés dans votre cœur sous l'influence salutaire des conseils et des exemples de votre honorable famille. Cette éducation chrétienne, jointe à la droiture d'esprit et à la noblesse d'idées que je vous connais, ne peut manquer de nous fournir à tous un consolant espoir. Que dis-je? ce n'est pas un espoir, c'est une certitude.

Oui, nous en sommes assurés, aussi fidèle aux devoirs d'un fervent chrétien qu'aux obligations d'un affectueux époux, vous ne chercherez pas en dehors de la famille ni des pieuses pratiques de notre sainte religion, le bonheur que vous vous promettez. Vouloir le découvrir ailleurs, serait une illusion qui trop souvent, hélas ! fait de tristes victimes. Non, vous ne serez pas du nombre de ces infortunés dont la vie tout entière est sous le poids de l'anathème divin qu'ils sont venus chercher jusqu'aux pieds des autels, en profanant, par un indigne sacrilége, le sacrement destiné au cœur pur.

Votre union sera bénie, vos jours s'écouleront, calmes et sereins, dans la paix et la grâce de Dieu.

Marchez dans la loi du Seigneur, marchez sous la protection de Marie, sous l'œil vigilant de votre bon ange. Ensemble parcourons le sentier de la vie. Quel que soit le coin de terre où la main de Dieu nous dépose, quelle que soit la distance qui nous sépare, que nos cœurs restent toujours unis, que nous ne fassions qu'une seule et même famille où règne un même esprit, où dominent les mêmes pensées et les mêmes désirs, où les consolations comme les peines, les chagrins comme les joies se partagent entre tous. Ainsi commencera pour nous, sur la terre d'exil, cette ineffable union qui doit se consommer dans la céleste patrie.

Bar. — Typ. L. Guérin et Ce.